Principios claves
y otras herramientas
para los entrenadores de campo de Evangel
y los entrenadores asesores de Evangel

Principios claves y otras herramientas para los entrenadores de campo de Evangel y los entrenadores asesores de Evangel

The Urban Ministry Institute
3701 East 13th Street North
Suite 100
Wichita, KS 67208

ISBN: 978-1-62932-329-9

Publicado por *TUMI Press*
Una división de *World Impact, Inc.*

The Urban Ministry Institute es un ministerio de *World Impact, Inc.*

Título original en inglés: *Key Principles and Other Tools for Evangel Field Coaches and Evangel Assessor Coaches*

Coordinador de traducción: Ruben Barron y Dr. Fernando Argumedo

Principios claves
y otras herramientas

para los entrenadores de campo de Evangel
y los entrenadores asesores de Evangel

· ·

Rev. Bob Engel

TUMI Press
3701 East Thirteenth Street North | Suite 100
Wichita, Kansas 67208

Contenido

Principios claves para el entrenamiento 7

Lista sencilla para el entrenador de campo 9

Ejemplos de preguntas para las juntas mensuales . . . 11

Muestra de carta de información
del entrenador evaluador pre-Evangel 15

Muestra de carta para las juntas
de entrenadores de Evangel 17

Muestra de pacto del entrenador de Evangel. 19

Principios claves para el entrenamiento

1. Asegúrese de tener un claro entendimiento de lo que se espera en su relación de entrenador.

2. Este no es un trabajo de colocar un colaborador para el evangelio. Tome su tiempo para conocer al plantador de iglesias, su familia, y miembros de su equipo. La familia y el carácter personal son de importancia crucial para aquel plantador que se enfoca en cumplir las tareas. Asegúrese que exista una dinámica familiar sana, y que haya un crecimiento en la gracia y el conocimiento del Señor Jesús como un hijo/a redimido de Dios.

3. Espere excelencia de parte del plantador. Esto incluye hacer oraciones, cualquier trabajo de preparación que se le haya asignado, y las metas establecidas antes de la junta de entrenadores. Haga responsable al plantador de las metas y las asignaciones que él o ella ha acordado alcanzar.

4. Aunque la relación es importante, esta es una junta con el objetivo definido de guiar al plantador sobre el deber que le ha sido comisionado de plantar una iglesia. Mantenga el tiempo acordado como un tiempo de carácter profesional.

Encuentre un lugar donde usted y el plantador puedan hablar, escuchar y enfocarse.

5. Mueva hacia delante al plantador según le va dando la guía. No solamente revise los pasos de acciones pasadas, sino que sea agresivo, en el Espíritu, para establecer nuevos pasos de acción. Aquí es donde puede hacer muchas preguntas y "extraer" del plantador lo que el Espíritu está poniendo en su corazón.

6. Nunca sobran oportunidades para animar al plantador. Celebre cualquier victoria hacia delante sin importar lo pequeña que sea. Es garantizado que el enemigo hará su parte para desanimarlo. Siempre vaya preparado para compartir palabras de la Escritura acerca de la resistencia, promesas, ánimo, y de la identidad en Cristo.

7. Establezca una fecha para la próxima junta. Asegúrese que usted y el plantador pongan estas juntas en alta prioridad. Si tiene que cambiar alguna fecha, hágalo inmediatamente.

Lista sencilla para el entrenador de campo
(Basada en una plantilla de un año de Evangel)

1. Visite en persona al líder del equipo el primer mes.

2. Ponga un horario para orar regularmente por el equipo y por el líder del equipo por nombre.

3. Establezca una junta mensual con el líder del equipo ya sea por teléfono o en una visita.

4. Haga un reporte mensual a la autoridad que lo envía (si aplica).

5. Establezca fechas para cuatro PTR. La cuarta es una revisión y tiempo de planeamiento para el siguiente año. Entregue el reporte trimestral al decano de Evangel (si aplica).

6 Ayude al líder de equipo a identificar y reclutar a un líder de equipo en potencia para plantar una nueva iglesia.

7. Asegúrese que la iglesia plantada esté conectada con una asociación (por ejemplo, Asociación de Iglesias Urbanas) o alguna red.

8. Planee una celebración Antioquía, por año completado.

Ejemplos de preguntas para las juntas mensuales

1. **Preguntas sobre el crecimiento espiritual del equipo y la vida en comunidad (¿Están viviendo como una comunidad que tiene el llamado?)**

   a. ¿Está usted y su equipo caminando con el Señor; buscando a Dios con interés y creciendo juntos espiritualmente?

   b. ¿Está usted y su equipo relacionándose entre sí con amor, perdón, y con unidad? ¿Existen algunos conflictos que necesitan resolverse?

   c. ¿Han permanecido usted y su equipo en el llamado y siguen comprometidos con su visión, unidos alrededor de ésta? ¿Está el equipo trabajando bien unido hacia su propósito?

   d. ¿Está usted y su equipo funcionando como un cuerpo unido de servicio, con dones, especialmente en su relación los unos con los otros?

2. **Preguntas sobre su visión, (¿Están claros en su visión, valores y metas?)**

   a. ¿Entiende usted y su equipo su visión y pueden sus miembros expresarlo claramente uno al otro, y aquellos fuera del equipo?

   b. ¿Es usted y su equipo capaz de expresar claramente los valores sobre los que fue construída la declaración de la visión y está usted todavía comprometido/a con esos valores?

   c. Tomando en cuenta la experiencia de su equipo en el ministerio, ¿alguna parte de la declaración de la visión y valores. deben reconsiderarse o reescribirse?

3. **Preguntas sobre el proceso y resultados del ministerio de equipo (¿Están funcionando sabia y efectivamente en el ministerio?)**

   a. ¿Qué ha ganado como equipo de ministerio en su comunidad plantadora de iglesia durante este último mes?

   b. ¿Cuáles han sido los problemas más graves que ha tenido al implementar su visión?

   c. ¿Cómo se ve su agenda (por ejemplo, su horario personal y del equipo), y cómo contribuye cada actividad del ministerio a su visión del ministerio? ¿Qué ajustes necesitan hacerse?

d. ¿Cómo son las relaciones personales de su ministerio actualmente? ¿En qué individuos o familias se les debe invertir más profundamente? ¿Cómo va a llevar esto a cabo?

4. Preguntas sobre el planeamiento y estrategia del equipo de ministerio para el siguiente período del ministerio (¿Está claro cuáles son los siguientes pasos que el Espíritu Santo quieren que tomen?)

a. ¿Cómo tienen pensado usted y el equipo, cambiar o reafirmar para el mes próximo, su plan estratégico original para el ministerio? En otras palabras, ¿qué metas necesita alcanzar para asegurarse del mayor progreso posible hacia su visión?

b. ¿Tiene usted y el equipo, asignaciones y fechas para las acciones vitales dentro del plan? ¿O al menos han establecido una fecha para estos pasos específicos?

Muestra de carta de información del entrenador evaluador pre-Evangel

Saludos Entrenador Asesor de Evangel,

Aquí hay alguna información, mientras se prepara para servir al equipo de plantadores de iglesias que va a estar entrenando/ evaluando dentro de Evangel.

1. Adjunto se encuentra el horario de la Escuela Evangel de Plantadores de Iglesias Urbanas. Es importante que usted comprenda el horario en general de las juntas que tendremos. Si tiene alguna pregunta acerca del horario, por favor diríjalas a: [Nombre e información de contacto].

2. Como Decano de [nombre de su escuela Evangel], nos gustaría que leyera los dos delineamientos acerca del entrenamiento del Manual del Decano de Evangel (adjunto). Los delineamientos son solo 10 páginas. Ponga atención especialmente a la pagina 153 ("Formulario de evaluación del equipo"). Recibirá copias de esta página para cada uno de los equipos que evalúe dentro de Evangel y serán usados para ayudarle a determinar si el equipo está listo para ser enviados.

3. Adjunto también existen dos documentos acerca de las plantillas. Este es el resumen de una página de su visión,

valores, y estrategia del primer año. Por favor revise el documento titulado "Plantilla de plantación de iglesias 2015". Esta es la página más importante (de todas las que verá cuando esté en el entrenamiento primario). Si tan solo lee una página, que sea ésta. También estudie la explicación de tres páginas, de las plantillas del entrenamiento del Decano de Evangel llamado "Seminario: plantillas, entrenadores y el proceso de PTR contínuo" (adjunto).

Bendiciones,

[Firma]

Muestra de cartapara las juntas de entrenadores de Evangel

Saludos Asesor de Evangel y Entrenador de Campo,

¡Alabado sea El Señor por su disposición de servir como entrenador de Evangel! Acordamos unas fechas para las juntas especiales, y quisiera que todos estén conscientes de ellas.

Junta especial de entrenadores:

1. Orientación para entrenadores. Jueves a la hora de la cena (si se pierde esta junta, por favor avísele a [nombre del decano] cuando llegue a [nombre de la Escuela Evangel]).

2. Durante la primera noche en la Escuela Evangel cada entrenador tendrá la oportunidad de hacer una presentación de cómo está funcionando su equipo y de discutir cualquier pregunta o preocupación que tenga acerca del equipo del cual es su responsable de evaluar (el "personal" de su equipo).

3. El segundo día: Junta de entrenadores para discutir cualquier señal de algún problema con su equipo; y oportunidades para poner al personal a cargo para

resolver algún problema en particular, y también oportunidades que vea en su equipo.

4. La junta final de los entrenadores para confirmar que el equipo está listo para entrar al campo de cosecha urbano y firmar los certificados.

5. Servicio de Celebración/Comisión: Tome nota que se va a tomar fotos con su equipo.

Bendiciones,

[Firma]

Muestra de pacto del entrenador de Evangel

Como su entrenador, yo prometo hacer lo siguiente:

- Comenzar cada sesión de entrenamiento con oración y estar disponible al Espíritu Santo.

- Trabajar para ganar su completa confianza, escuchando atentamente, haciendo preguntas para clarificar algo, y manteniendo una estricta confidencialidad (a menos que la ley obligue a compartir algo debido a su naturaleza).

- Ayudarle a explorar el llamado de Dios para usted . . . el día de hoy y en el futuro.

- Ofrecer observaciones que puedan serle útiles, siempre con amor.

- Ofrecer conocimiento e información que puedan ser de ayuda.

- Nunca ofrecer "respuestas" a menos que hayan sido requeridas específicamente, y aún así, solo las compartiré después que sus propias respuestas hayan sido exploradas.

- Me comprometo a reunirme con usted (ya sea en persona o por teléfono) una hora por mes, y según surja alguna necesidad especial.

- Supervisaré el nivel de su compromiso midiéndolo de acuerdo con las acciones completadas a tiempo.

Como una persona que está siendo entrenada, yo prometo lo siguiente:

- Comenzar cada reunión con oración y estando abierto/a al Espíritu Santo.

- Compartir abiertamente mis pensamientos acerca de mi naturaleza, mis acciones, y mis pasiones (explorando quien soy yo).

- Estar abierto a sus preguntas y observaciones.

- Comprometerme a tener una reunión con usted (ya sea en persona o por teléfono) una hora por mes, por un año.

- Escoger cuidadosamente mis compromisos – y luego cumplir con cada uno de ellos.

Firmado _____ Fecha _____